D1718769

ÉCOLOGIE

Les gestes au quotidien

À l'aube d'une ère où l'intelligence artificielle (IA) devient le copilote quotidien de nos créativités, il est temps de réunir innovation et conscience écologique.

L'année 2023 a été le témoin de l'avènement des outils d'intelligence artificielle générative qui ont capturé l'imagination collective. C'est avec cette même inspiration que, dès janvier 2023, je me suis lancé dans l'aventure fascinante de la génération d'images par IA avec l'outil Midjourney.

Cette passion m'a mené à co-écrire avec mon fils Thomas, pendant les vacances d'été de 2023, un ouvrage personnalisable pour enfants dans lequel les images générées viennent compléter un conte d'aventure et de nature : le livre "Tim et Max". Dans ce récit, un garçon appelé Tim et son chien Max, accompagnés de leur cercle d'amis animaux, nous rappellent l'importance de l'harmonie avec la nature.

Poussé par l'urgence de préserver la nature, j'ai ensuite choisi de me plonger dans le grand bain de l'écologie. "Mieux vaut tard que jamais", me suis-je dit.

Dans ce livre **"Ecologie, les gestes au quotidien"**, vous trouverez une série de gestes illustrés par des images générées par IA à l'aide de l'outil DALL-E. Chaque geste est également accompagné d'une histoire courte, inspirante et éducative. J'ai souhaité que ces illustrations, dans une variété de styles allant de la bande dessinée à des rendus plus ou moins réalistes, captent l'essence d'une démarche écologique dynamique et accessible à tous. Chaque page est une invitation à la réflexion, chaque image un appel à l'action.

L'écriture de cet ouvrage fut pour moi un chemin que je commence à peine à explorer. C'est ensemble, armés de notre détermination et de notre créativité, que nous pouvons espérer relever le grand défi de notre temps : la sauvegarde de notre belle planète.

Je vous souhaite une lecture inspirante et j'espère que les images, les histoires et les informations précieuses qui animent ces pages éveilleront en vous une passion renouvelée pour les gestes écologiques.

Serge KUEVIAKOE
Novembre 2023

QUELQUES DÉFINITIONS

- **L'émission de gaz à effet de serre** fait référence à la libération dans l'atmosphère de certains gaz tels que le dioxyde de carbone (CO_2), le méthane (CH_4), et le protoxyde d'azote (N_2O) qui contribuent à l'effet de serre.
Ces gaz piègent la chaleur du soleil dans l'atmosphère terrestre, ce qui augmente la température globale de la planète.
Cet effet naturel permet à la Terre de conserver une température moyenne permettant le développement de la vie.
Cependant, les activités humaines ont considérablement augmenté la concentration de ces gaz dans l'atmosphère, accentuant l'effet de serre et causant un réchauffement global rapide, appelé **réchauffement climatique**.
- **L'empreinte carbone** est une mesure de l'impact des activités humaines sur l'environnement en termes de quantité de gaz à effet de serre produits, mesurée en unités de dioxyde de carbone équivalent.
- **L'économie circulaire** est un système de production et consommation minimisant le gaspillage et maximisant la réutilisation, le recyclage et la récupération des matériaux pour créer un cycle fermé, réduisant ainsi l'impact environnemental.
- **L'intelligence artificielle (IA)** est un ensemble de techniques (mathématiques, statistiques, informatique) visant à la création de système capable de reproduire l'intelligence humaine (raisonnement, apprentissage, créativité).
- **L'IA générative** fait référence à des modèles IA capables de produire du contenu créatif (textes, images, sons) à partir des grandes quantités de données sur lesquelles ils ont été formés.
Exemples : **Midjourney** ainsi que **DALL·E** de la société OpenAI permettent de générer des images créatives à partir des instructions de l'utilisateur.

SOMMAIRE

Chaque pas ou coup de pédale est une manière de réduire votre empreinte écologique tout en prenant soin de votre santé.

Les déplacements à pied ou à vélo sont parmi les moyens les plus verts et les plus sains.

Opter pour la marche ou le vélo, est un pas concret vers une vie plus écologique et un excellent moyen de renouer avec son environnement urbain ou naturel.

	Je le fais déjà	Je vais le faire	Je ne peux pas le faire	Je ne veux pas le faire
Coche la case qui te correspond				

THOMAS ET LA RÉVOLUTION DES DEUX ROUES

Dans une ville animée, un jeune homme nommé Thomas, connu pour son énergie débordante et son sourire contagieux, remarqua que les rues de sa ville étaient toujours remplies de voitures, créant du bruit et de la pollution. Il se dit qu'il devait y avoir une meilleure façon de vivre en harmonie avec notre environnement.

Thomas commença par utiliser son vélo pour aller partout : au travail, au parc, chez ses amis. Il appréciait la liberté et l'agilité que lui offrait son vélo.
Il encouragea ses amis à faire de même. Ensemble, ils formèrent un petit groupe, explorant les parcs de leur ville à vélo. Ils découvrirent des raccourcis charmants, des ruelles fleuries, et des coins de nature insoupçonnés.

Thomas ne s'arrêta pas là. Il décida également d'adopter la marche pour les trajets plus courts. Il aimait sentir le rythme de la ville, observer les détails des bâtiments et rencontrer des visages souriants.

L'enthousiasme de Thomas pour le vélo et la marche commença à se propager. Il organisa des événements de sensibilisation dans sa commune, parlant des bienfaits du vélo et de la marche, non seulement pour la santé, mais aussi pour l'environnement.

Il expliqua comment ces modes de transport réduisaient les émissions de CO_2, diminuaient la pollution sonore, et contribuaient à un style de vie plus actif et sain.

De plus en plus de gens laissaient leurs voitures au garage pour des trajets courts. Les rues devinrent plus calmes et l'air plus frais.

La ville installa des pistes cyclables, des parkings à vélos, et des zones piétonnes, rendant le voyage à vélo et à pied encore plus agréable et sûr.

Thomas avait initié une véritable révolution des deux roues. Son amour pour le vélo et la marche avait inspiré toute une ville à repenser sa façon de se déplacer, démontrant qu'un simple geste pouvait avoir un impact énorme sur notre planète.

LE TRI, C'EST SIMPLE ET C'EST ÉCOLO

	Je le fais déjà	Je vais le faire	Je ne peux pas le faire	Je ne veux pas le faire
Coche la case qui te correspond				

LÉO ET LE MYSTÈRE DU TRI ÉCOLOGIQUE

Il était une fois un garçon nommé Léo, curieux et avide d'apprendre.

Un jour, en rentrant de l'école, Léo remarqua des piles de déchets hétéroclites près de sa maison. Intrigué, il demanda à sa maman, "Pourquoi ces ordures sont-elles ici, Maman ? Ne devraient-elles pas être dans la poubelle ?"

Sa maman, souriante, saisit l'occasion pour lui enseigner une leçon importante. "Ces déchets, Léo, peuvent devenir des trésors si nous apprenons à les trier correctement," dit-elle.
Le lendemain, Léo et sa maman se lancèrent dans une aventure de tri écologique. Ils commencèrent par séparer le plastique, le papier, le verre et les déchets organiques. Léo était fasciné par la façon dont chaque matériau devait être traité différemment.

Pendant qu'ils triaient, sa maman lui expliqua comment le recyclage aide à protéger l'environnement. "Le plastique peut prendre des centaines d'années à se décomposer, mais si nous le recyclons, il peut être transformé en de nouvelles choses utiles," expliqua-t-elle.

Léo était émerveillé. Chaque bouteille en plastique, chaque morceau de papier avait une histoire et un avenir. Ils visitèrent ensuite le centre de recyclage local où Léo vit comment les matériaux triés étaient transformés.

L'aventure de Léo ne s'arrêta pas là. Inspiré, il organisa avec sa classe, une journée de sensibilisation au tri écologique dans son école. Avec ses amis, il créa des affiches colorées et des présentations pour enseigner l'importance du recyclage.

Finalement, le quartier de Léo devint un exemple de tri écologique, inspirant d'autres à suivre leur exemple. Et tout cela grâce à la curiosité d'un petit garçon qui a appris que même les plus petits gestes peuvent faire une grande différence pour notre planète.

LIMITER LE GASPILLAGE DE NOURRITURE

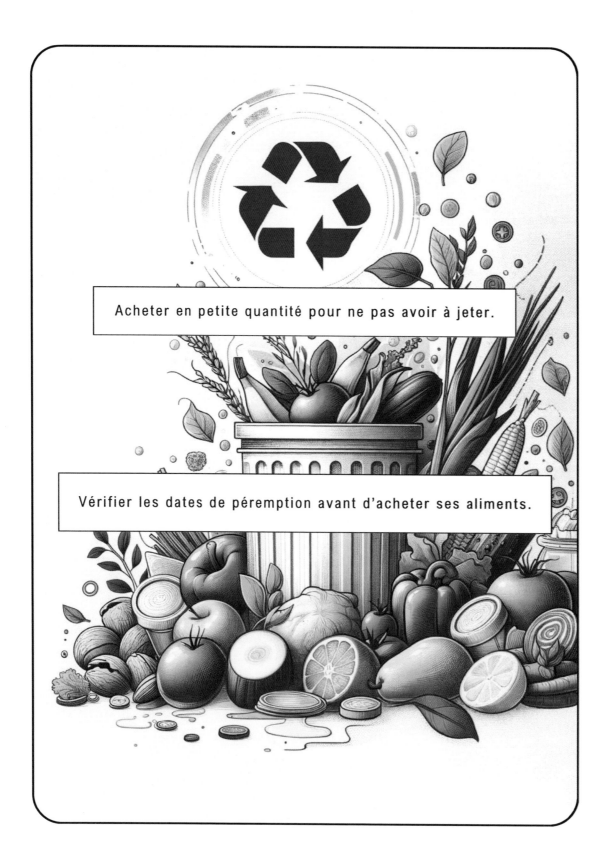

Acheter en petite quantité pour ne pas avoir à jeter.

Vérifier les dates de péremption avant d'acheter ses aliments.

En limitant le gaspillage alimentaire, nous faisons non seulement des économies, mais nous contribuons aussi à la préservation des ressources naturelles et à la réduction des déchets.

	Je le fais déjà	Je vais le faire	Je ne peux pas le faire	Je ne veux pas le faire
Coche la case qui te correspond				

TOM ET LE SECRET DU FRIGO

Dans une petite ville charmante, Tom, un jeune à l'esprit vif et au cœur généreux, vivait avec sa famille. Un jour, en aidant sa mère à préparer le dîner, Tom remarqua que beaucoup de nourriture était jetée. Des légumes un peu flétris, du pain un peu sec... Tom fut intrigué et demanda à sa mère pourquoi ils gaspillaient tant de nourriture.

Sa mère lui expliqua que souvent, on oubliait ce qu'on avait dans le frigo ou on achetait plus que nécessaire. Tom, soucieux de l'environnement, décida de trouver un moyen de réduire ce gaspillage.

Il commença par organiser le frigo et les placards de manière à ce que les aliments les plus anciens soient devant et utilisés en premier. Ensuite, il créa un "tableau des restes" où chaque membre de la famille pouvait écrire ce qui devait être consommé en priorité.

Tom ne s'arrêta pas là. Il se mit à apprendre des recettes pour utiliser les restes de nourriture. Il prépara des quiches avec des légumes un peu mous, fit du pain perdu avec du pain sec, et inventa des smoothies avec des fruits trop mûrs.

Voyant l'engagement de leur fils, la famille de Tom se joignit à ses efforts. Ils commencèrent à planifier leurs repas, à faire des courses plus judicieuses et à être plus conscients de leur consommation alimentaire. Ils organisèrent des ateliers de cuisine sur le thème du zéro gaspillage et partagèrent leurs astuces et recettes.

L'initiative de Tom se répandit dans toute la ville. Les écoles et les restaurants locaux adoptèrent des pratiques similaires, réduisant considérablement le gaspillage alimentaire.

La ville lança même une campagne de sensibilisation, inspirée par l'action de Tom, pour encourager les habitants à être plus éco-responsables dans leur gestion de la nourriture.

Tom avait prouvé que des gestes simples pouvaient avoir un grand impact. En évitant de gaspiller la nourriture, non seulement ils économisaient des ressources précieuses, mais ils contribuaient également à réduire les émissions de gaz à effet de serre liées à la décomposition des aliments.

Son histoire inspira beaucoup de personnes à adopter un mode de vie plus respectueux de l'environnement.

UTILISER LES TRANSPORTS EN COMMUN

Opter pour les transports en commun plutôt que votre véhicule individuel est une manière efficace de réduire votre empreinte carbone.

Le covoiturage, qui consiste à partager un trajet avec d'autres passagers, peut également contribuer significativement à la diminution des émissions de gaz à effet de serre en réduisant le nombre de véhicules sur la route.

En empruntant les transports en commun, vous faites un choix en faveur de l'environnement tout en contribuant à des villes moins engorgées et plus respirables

Coche la case qui te correspond	Je le fais déjà	Je vais le faire	Je ne peux pas le faire	Je ne veux pas le faire

MAYA ET LE BUS MAGIQUE

Dans une petite ville, vivait une étudiante nommée Maya, connue pour son amour de la nature et son esprit aventureux. Un matin ensoleillé, alors qu'elle se préparait pour partir, Maya remarqua que la voiture de sa famille était en panne. Sa mère, un peu inquiète, se demandait comment elles allaient se rendre à l'université et au travail.

C'est alors que Maya eut une idée brillante. "Pourquoi ne prendrions-nous pas le bus aujourd'hui, Maman ? Cela pourrait être une aventure, et c'est mieux pour l'environnement !" dit-elle avec enthousiasme.

Sa mère, surprise mais ouverte à l'idée, accepta. Elles marchèrent jusqu'à l'arrêt de bus le plus proche, où Maya fut fascinée par la diversité des gens qui attendaient : des étudiants, des travailleurs, des personnes âgées, tous partageant le même mode de transport.

En montant dans le bus, Maya se sentit comme si elle entrait dans un nouveau monde. Elle adorait voir les rues de sa ville depuis cette nouvelle perspective, observer les boutiques, les parcs et les gens qui vaquaient à leurs occupations quotidiennes.

Sa mère lui expliqua comment le transport en commun réduisait la pollution de l'air, diminuait les embouteillages et économisait de l'énergie. Chaque bus rempli pouvait retirer plusieurs voitures de la route, réduisant ainsi l'empreinte carbone.

Inspirée, Maya décida de lancer un projet pour encourager plus de jeunes et leurs familles à utiliser les transports en commun. Elle organisa des présentations, créa des brochures informatives et même un petit groupe de théâtre qui jouait des scènes soulignant l'importance du transport en commun pour l'environnement.

De plus en plus de familles commencèrent à opter pour les bus et les trains plutôt que pour leurs voitures.

La ville devint plus propre, les rues moins encombrées, et les gens découvrirent le plaisir de voyager ensemble.

Maya réalisa que chaque trajet en bus était une petite victoire pour la planète.

En termes d'efficacité énergétique, les trains, surtout ceux qui sont électriques, surpassent les avions.

Un autre avantage du train est sa capacité à connecter directement les centres-villes.

Cela signifie moins de déplacements par rapport à l'avion, dont les aéroports sont souvent situés en dehors des villes.

	Je le fais déjà	Je vais le faire	Je ne peux pas le faire	Je ne veux pas le faire
Coche la case qui te correspond				

LA FAMILLE DUBOIS ET LE TRAIN DE L'ÉCO-AVENTURE

Dans une ville paisible, la famille Dubois était connue pour son amour de l'aventure et de la nature.

Un été, alors qu'ils planifiaient leurs vacances, le père, M. Dubois, eut une idée écologique : "Et si, cette année, nous voyagions en train au lieu de prendre la voiture ou l'avion ? C'est bien plus écologique !"

Toute la famille accueillit l'idée avec enthousiasme. Ils décidèrent de visiter les montagnes majestueuses de leur pays, un trajet parfait pour un voyage en train. Les enfants étaient excités à l'idée de voir le paysage défiler depuis les fenêtres du train.

Avant le voyage, la famille se renseigna sur l'impact écologique des différents modes de transport. Ils apprirent que les trains émettent beaucoup moins de CO_2 par passager comparé aux voitures et aux avions, et qu'ils sont un moyen efficace de réduire leur empreinte carbone.

Le jour du départ, la famille Dubois prit le train tôt le matin. Dès qu'ils s'installèrent, Lucas et Emma collèrent leurs nez aux fenêtres, émerveillés par la beauté du paysage. Ils traversèrent des forêts luxuriantes, longèrent des rivières scintillantes et passèrent à côté de villages pittoresques.

En cours de route, M. et Mme Dubois expliquèrent à leurs enfants comment le train utilisait l'électricité, et comment cela aidait à préserver l'environnement.

À chaque arrêt, la famille explorait les alentours, découvrant de nouveaux endroits et rencontrant des gens fascinants. Le soir, ils partageaient leurs aventures avec d'autres voyageurs dans le train, échangeant des histoires et des conseils.

Ce voyage en train devint plus qu'une simple aventure de vacances pour la famille Dubois ; il se transforma en une leçon de vie sur l'importance de faire des choix écologiques. Ils réalisèrent que voyager lentement leur permettait non seulement de réduire leur impact sur l'environnement, mais aussi de savourer chaque moment de leur voyage.

De retour chez eux, la famille Dubois décida de privilégier le train pour leurs futures aventures. Ils partagèrent leur expérience avec leurs amis et voisins, inspirant d'autres à considérer le train comme une alternative écologique pour voyager.

Le choix de la famille Dubois de voyager en train avait montré que des gestes écologiques pouvaient également être des occasions d'enrichissement et de découverte, transformant chaque trajet en une aventure respectueuse de la planète.

COLLEZ "STOP-PUB"
SUR VOTRE BOÎTE AUX LETTRES

Ce simple geste, qui prendra à peine quelques minutes de votre temps, peut réduire considérablement le nombre de publicités que vous recevez, et ainsi participer à la préservation de nos forêts et à la réduction des déchets.

	Je le fais déjà	Je vais le faire	Je ne peux pas le faire	Je ne veux pas le faire
Coche la case qui te correspond				

Dans une petite ville prospère, la famille Martin était connue pour son engagement envers l'environnement.

Un jour, en triant leur courrier, Mme Martin remarqua la quantité impressionnante de publicités non sollicitées. "Regardez tout ce gaspillage de papier," dit-elle à son mari et à leurs enfants. "Il doit y avoir un moyen de réduire cela."

Inspirée, la famille décida d'agir. Leur première étape fut de coller un autocollant "Stop Pub" sur leur propre boîte aux lettres pour éviter les publicités inutiles. Cela avait un double avantage : réduire le gaspillage de papier et éviter le désordre des publicités indésirables.

Mais les Martin voulaient aller plus loin. Ils décidèrent de lancer une campagne de sensibilisation dans leur quartier pour encourager d'autres familles à faire de même. Ils préparèrent des flyers informatifs expliquant l'impact environnemental des publicités papier et la manière simple d'y remédier grâce aux autocollants "Stop Pub".

Ils organisèrent même un atelier un samedi après-midi où les enfants du quartier pouvaient venir créer leurs propres autocollants "Stop Pub" personnalisés.

La réponse fut incroyablement positive. De plus en plus de boîtes aux lettres dans le quartier arboraient fièrement leur autocollant "Stop Pub". Les habitants remarquèrent une réduction significative du courrier indésirable, et en conséquence, une diminution du gaspillage de papier.

Encouragée par cette réussite, la famille Martin contacta la mairie pour proposer une initiative à l'échelle de la ville. Avec l'appui des autorités locales, ils organisèrent une grande campagne de sensibilisation, distribuant des autocollants "Stop Pub" gratuits et informant les citoyens sur l'importance de ce geste écologique.

L'action de la famille Martin avait montré comment un petit geste, comme coller un autocollant "Stop Pub" sur sa boîte aux lettres, pouvait avoir un impact significatif sur l'environnement. Ils avaient créé une vague de changement positif, rappelant à chacun que les gestes écologiques commencent souvent à la maison.

EN VOITURE,
ROULER PLUS SOUPLE ET MOINS VITE

Réduire sa vitesse permet de consommer moins de carburant.

Adopter une conduite douce, en anticipant les freinages et en évitant les accélérations inutiles, est bénéfique pour l'efficacité énergétique de votre véhicule.

Pour une conduite éco-responsable et des économies à la pompe, adoptez une vitesse régulière et une conduite souple. Cela contribue également à diminuer les émissions polluantes.

	Je le fais déjà	Je vais le faire	Je ne peux pas le faire	Je ne veux pas le faire
Coche la case qui te correspond				

JULIEN ET LA ROUTE DE LA SAGESSE

Julien, un jeune homme passionné de voitures, vivait dans une petite ville pittoresque entourée de collines verdoyantes. Il aimait sentir la puissance de sa voiture, accélérant souvent un peu trop, cherchant à atteindre sa destination le plus rapidement possible.

Cependant, un jour, son oncle, un ancien pilote de course reconverti en écologiste, lui fit prendre conscience de quelque chose d'important.
"Julien," commença son oncle, "rouler rapidement consomme plus de carburant et augmente les émissions de CO_2. Et si tu essayais de rouler plus souple et moins vite ? Tu verrais que non seulement c'est mieux pour l'environnement, mais cela rend la conduite plus agréable."

Julien, intrigué par les conseils de son oncle, décida d'essayer. Le lendemain, au lieu d'appuyer fort sur l'accélérateur, il adopta une conduite plus souple, accélérant et freinant graduellement. Il respecta scrupuleusement les limites de vitesse, même sur les routes où il aimait auparavant rouler vite.

Au début, cela lui semblait étrange, presque contre-intuitif. Cependant, il commença à remarquer des changements. Sa consommation de carburant diminua, ce qui était bon pour son portefeuille et pour l'environnement. Il se sentait également plus détendu au volant, appréciant le paysage et la tranquillité de la conduite.

Encouragé par ces bénéfices, Julien décida de partager son expérience. Il organisa une rencontre avec d'autres amateurs de voitures dans sa ville pour parler de l'impact environnemental de la conduite et partager des techniques pour une conduite plus éco-responsable.

Beaucoup de conducteurs, surpris par les avantages d'une conduite plus douce, s'engagèrent à essayer. Julien créa même un petit groupe en ligne où ils pouvaient partager leurs expériences, leurs économies de carburant, et leurs découvertes sur les routes.

Peu à peu, la ville de Julien devint connue pour sa conduite respectueuse de l'environnement. Les rues étaient plus calmes, l'air semblait plus pur, et les gens se sentaient plus détendus.

Julien avait appris une leçon précieuse : en roulant plus souple et moins vite, il ne perdait pas seulement de la vitesse, mais gagnait en sérénité et contribuait à protéger l'environnement. Il avait transformé sa passion pour les voitures en un moyen de promouvoir un changement positif, prouvant que chaque geste, même sur la route, pouvait faire une différence pour la planète.

EN BALADE, NE JETER RIEN PAR TERRE

Pour préserver la beauté de nos espaces naturels et protéger la faune et la flore, emporter un sac poubelle lors de votre prochaine sortie pour ramasser les déchets.

Que vous soyez en balade, en pique-nique ou simplement en déplacement, respectez notre belle planète en ne jetant rien par terre.

	Je le fais déjà	Je vais le faire	Je ne peux pas le faire	Je ne veux pas le faire
Coche la case qui te correspond				

Eva, une jeune femme pleine d'enthousiasme et de respect pour l'environnement, vivait dans une petite ville dotée d'un magnifique parc.

Ce parc était son endroit préféré : un lieu où elle pouvait se balader, lire et se détendre sous les grands arbres. Cependant, Eva remarqua un problème. En se promenant, elle voyait souvent des détritus : canettes, papiers, et autres ordures qui gâchaient la beauté du parc.

Décidée à agir, Eva eut une idée. Elle parla à ses parents de son projet de nettoyer le parc et de sensibiliser les gens à ne rien jeter par terre. Ses parents, fiers de son initiative, lui proposèrent leur aide.

Eva commença par créer des affiches colorées avec des messages tels que "Gardons notre parc propre" et "La Terre est notre maison, ne la salissons pas". Elle les afficha autour du parc avec l'aide de ses parents, s'assurant que les messages étaient bien visibles.

Chaque samedi matin, Eva se rendait au parc avec un sac poubelle et des gants. Elle ramassait les déchets qu'elle trouvait, et peu à peu, les habitués du parc commencèrent à remarquer ses efforts. Certains, inspirés par son action, se joignirent à elle.

Eva décida d'organiser un événement de nettoyage. Elle distribua des tracts dans le quartier. Le jour de l'événement, de nombreuses personnes se rassemblèrent pour aider. Ils passèrent la matinée à nettoyer le parc, ramassant les détritus et discutant de l'importance de prendre soin de leur environnement.

Le maire de la ville, impressionné par l'initiative d'Eva, participa également à l'événement. Il annonça ensuite l'installation de nouvelles poubelles dans le parc et la mise en place d'un programme de sensibilisation à l'environnement.

Grâce à l'action d'Eva, le parc retrouva sa beauté naturelle. Les gens de la ville prirent conscience de l'importance de garder leur environnement propre.

RESPECTER LES CANALISATIONS

Nos toilettes sont principalement prévues pour le papier toilette, spécialement conçu pour se dissoudre rapidement dans l'eau.

L'introduction d'autres éléments, tels que des lingettes ou des produits d'hygiène engendre des bouchages et nuit à notre environnement.

Placez une petite poubelle dans vos toilettes. Ainsi, vous contribuez à préserver notre planète, tout en assurant le bon fonctionnement de votre plomberie.

	Je le fais déjà	Je vais le faire	Je ne peux pas le faire	Je ne veux pas le faire
Coche la case qui te correspond				

ÉMILIE ET LE MYSTÈRE DES CANALISATIONS

Émilie, une fille vive et attentive, vivait dans une paisible ville avec ses parents.

Elle aimait observer le monde autour d'elle et était toujours prête à apprendre de nouvelles choses.

Un jour, après une promenade dans le parc, Émilie rentra chez elle et utilisa les toilettes. Elle remarqua que l'eau ne s'écoulait pas normalement. Curieuse, elle appela son père pour qu'il jette un œil.

Son père, un plombier expérimenté, inspecta les toilettes et découvrit que quelque chose bloquait les canalisations. Voyant l'intérêt d'Émilie, il prit le temps de lui expliquer comment certains objets, comme les lingettes ou les cotons-tiges, pouvaient causer des problèmes s'ils étaient jetés dans les toilettes.

Inspirée par cette découverte, Émilie eut l'idée de partager ce qu'elle avait appris avec ses amis à l'école. Elle parla avec son enseignant, qui trouva l'idée excellente et décida d'organiser une session éducative pour la classe. Ensemble, ils préparèrent une présentation simple, aidés par des dessins et des exemples que Émilie avait apportés.

L'enseignant expliqua ensuite aux élèves l'importance de ne pas jeter de déchets dans les toilettes. Les élèves furent très réceptifs et posèrent de nombreuses questions, montrant leur intérêt pour le sujet.

L'initiative d'Émilie fut bien accueillie par l'école. Émilie se sentit fière de pouvoir contribuer à une meilleure compréhension de ce sujet important parmi ses camarades.

Grâce à l'initiative d'Émilie, les élèves de son école devinrent plus conscients de l'impact de leurs actions sur les canalisations et l'environnement.

Émilie avait réussi à prouver que l'âge n'est pas un obstacle pour sensibiliser les autres et promouvoir des changements positifs.

DOUCHEZ-VOUS MALIN

Privilégiez la douche au bain lorsque vous le pouvez.

Qui n'a jamais laissé couler l'eau froide en attendant qu'elle chauffe ?

Cette eau, bien que froide, est parfaitement potable. Placer un récipient sous le robinet pour la récupérer permet de la réutiliser pour d'autres besoins : arroser les plantes, nettoyer le sol, ...

Fermez le robinet pendant que vous vous savonnez.

Chaque petite action compte dans la préservation de notre planète et la réduction de notre empreinte écologique.

Coche la case qui te correspond	Je le fais déjà	Je vais le faire	Je ne peux pas le faire	Je ne veux pas le faire

XAVIER ET LA DOUCHE ASTUCIEUSE

Xavier, un jeune homme, vivait dans une maison en périphérie de la ville avec sa famille.

Un matin, alors qu'il prenait une longue douche chaude, son père frappa à la porte : "Rappelle-toi, Xavier, l'eau est précieuse. Essayons de ne pas la gaspiller."

Cette remarque fit réfléchir Xavier. Il savait que l'eau était une ressource vitale, mais il n'avait jamais vraiment pensé à la quantité d'eau qu'il utilisait chaque jour. Décidé à changer ses habitudes, Xavier commença à rechercher des moyens d'économiser l'eau pendant ses douches.

Il découvrit plusieurs astuces simples : prendre des douches plus courtes, éteindre l'eau pendant qu'il se savonnait, et utiliser un pommeau de douche à faible débit. Xavier partagea ces découvertes avec sa famille, et ensemble, ils décidèrent d'essayer ces nouvelles pratiques.

Le changement ne fut pas facile au début, surtout pour Xavier qui aimait ses longues douches. Cependant, il trouva un moyen ludique de se motiver : il utilisait une minuterie pour limiter la durée de ses douches et essayait de battre son record précédent. Cette petite compétition personnelle le rendait plus conscient du temps passé sous l'eau.

Inspiré par son propre succès, Xavier parla de ses astuces "douche malin" à ses amis. Il prépara une présentation amusante et informative, expliquant comment de petites actions pouvaient faire une grande différence. Il parla de l'importance de l'eau, des défis liés à sa conservation, et de la façon dont chacun pouvait contribuer à sa préservation.

L'initiative de Xavier eut un impact significatif. Ses amis commencèrent à adopter des habitudes similaires, et leurs familles se joignirent également à l'effort.

L'histoire de Xavier montra que même les gestes les plus simples, comme modifier ses habitudes de douche, pouvaient avoir un impact positif sur l'environnement.

ADOPTEZ LA GOURDE ET LE MUG, VOS COMPAGNONS ÉCOLOGIQUES

En optant pour une gourde ou un mug, vous contribuez à réduire considérablement les déchets.

La réduction des bouteilles et gobelets à usage unique entraîne une diminution des déchets dans nos décharges et nos océans.

Choisir la gourde ou le mug, c'est combiner économie, esthétique, et surtout écologie, en jouant un rôle actif dans la réduction des déchets.

	Je le fais déjà	Je vais le faire	Je ne peux pas le faire	Je ne veux pas le faire
Coche la case qui te correspond				

LUCIE ET SES COMPAGNONS ÉCOLOS

Lucie, une jeune étudiante passionnée par l'environnement, avait pris conscience de la quantité effarante de déchets plastiques et de gobelets jetables utilisés dans son université.

Un jour, en observant une poubelle débordant de gobelets en plastique et de bouteilles d'eau jetables, elle eut une idée brillante.

Elle décida d'introduire deux nouveaux compagnons dans sa vie quotidienne : une gourde réutilisable et un mug écologique. Lucie choisit une jolie gourde en acier inoxydable et un mug en céramique, tous deux solides et élégants. Elle les emportait partout avec elle, à l'université, lors de ses sorties, et même en voyage.

Impressionnée par la facilité avec laquelle ces deux objets réduisaient sa consommation de plastique, Lucie voulut partager son expérience. Elle commença par parler de ses nouveaux compagnons écolos à ses amis. Certains étaient curieux, d'autres déjà convaincus, mais tous furent impressionnés par la simplicité et l'efficacité de l'idée.

Lucie décida d'aller plus loin. Avec l'aide du club écologique de son université, elle organisa une campagne de sensibilisation pour encourager les étudiants et le personnel à utiliser des gourdes et des mugs réutilisables. Ils installèrent des stands d'information, distribuèrent des brochures, et organisèrent même un atelier pour décorer des gourdes et des mugs.

L'événement fut un succès. Beaucoup d'étudiants et de membres du personnel furent enthousiasmés par l'idée de réduire leur impact environnemental. L'université soutint l'initiative en installant davantage de fontaines à eau et en offrant une réduction aux personnes utilisant leur propre mug dans les cafétérias du campus.

Peu à peu, la tendance prit de l'ampleur. Les gourdes et les mugs réutilisables devinrent un symbole de fierté écolo sur le campus. Les étudiants affichaient leurs gourdes personnalisées, et les mugs colorés étaient désormais un spectacle courant dans les cours et les bibliothèques.

Grâce à Lucie et son initiative, l'université réduisit considérablement sa consommation de plastiques jetables. Elle avait démontré que des gestes simples pouvaient avoir un grand impact.

NE JETEZ PAS VOS MÉDICAMENTS N'IMPORTE OÙ

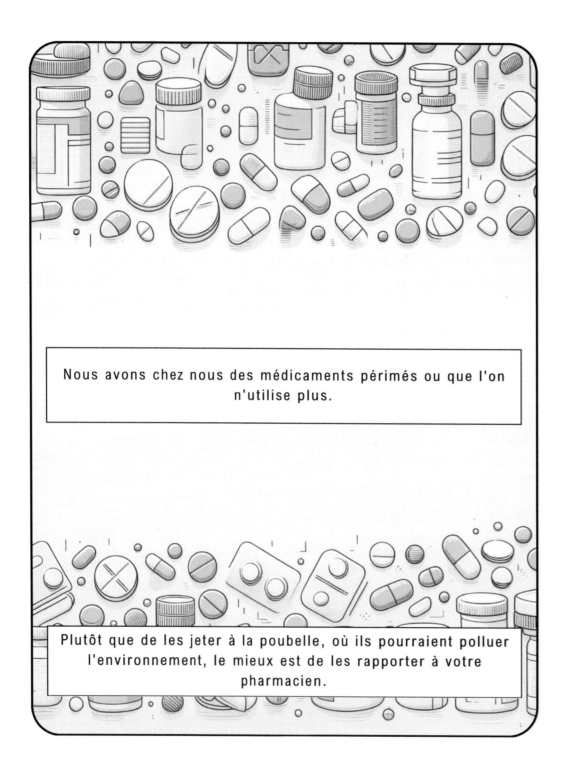

Nous avons chez nous des médicaments périmés ou que l'on n'utilise plus.

Plutôt que de les jeter à la poubelle, où ils pourraient polluer l'environnement, le mieux est de les rapporter à votre pharmacien.

En rapportant vos médicaments non utilisés ou périmés chez le pharmacien, vous contribuez à protéger l'environnement.

Coche la case qui te correspond	Je le fais déjà	Je vais le faire	Je ne peux pas le faire	Je ne veux pas le faire

MAXIME ET LA MISSION "MÉDICAMENTS"

Maxime, un jeune curieux et responsable, aidait souvent sa grand-mère à ranger la maison.

Un après-midi, en triant le placard de la salle de bain, il découvrit une boîte remplie de vieux médicaments. Intrigué, il demanda à sa grand-mère ce qu'elle prévoyait d'en faire.

"Je suppose que je vais les jeter à la poubelle," répondit-elle distraitement. Maxime, qui avait appris à l'école l'importance de ne pas jeter les médicaments n'importe où, savait qu'il y avait une meilleure solution.

"Mamie, on ne devrait pas jeter les médicaments à la poubelle. C'est dangereux pour l'environnement et ça peut être nocif pour les animaux et les plantes. On devrait les rapporter à la pharmacie," expliqua Maxime.

Sa grand-mère, surprise mais impressionnée par sa connaissance, accepta de l'accompagner à la pharmacie pour se débarrasser correctement des médicaments.

En chemin, Maxime expliqua à sa grand-mère que les médicaments jetés à la poubelle pouvaient finir dans les décharges ou les cours d'eau, contaminant l'environnement et nuisant à la santé publique. Les pharmacies, par contre, disposaient de moyens sécurisés pour éliminer ces médicaments sans risque.

Arrivés à la pharmacie, ils remirent les vieux médicaments à la pharmacienne, qui les félicita pour leur action responsable. Maxime en profita pour demander des brochures informatives sur la bonne manière de se débarrasser des médicaments, qu'il prévoyait de partager avec ses camarades de classe.

Motivé par cette expérience, Maxime décida de lancer une campagne de sensibilisation à son école. Avec l'aide de ses professeurs, il organisa une présentation sur l'importance de rapporter les médicaments périmés ou inutilisés à la pharmacie. Il distribua également des brochures et organisa une collecte de médicaments pour la pharmacie locale.

Beaucoup d'élèves et de parents participèrent à la collecte, apportant leurs médicaments inutilisés. L'école décida de mettre en place une boîte de collecte permanente pour faciliter ce geste écologique.

L'action de Maxime avait non seulement aidé à protéger l'environnement, mais avait également sensibilisé les gens à un aspect souvent négligé de la santé publique et de la sécurité environnementale.

IMPRIMER, SEULEMENT QUAND C'EST NÉCESSAIRE

Avant d'appuyer sur le bouton "imprimer", demandez-vous si ce document est vraiment nécessaire en format papier.

En réduisant vos impressions, vous contribuez à diminuer la demande en papier, ce qui est directement lié à la déforestation.

Adopter une attitude responsable vis-à-vis de l'impression, c'est opter pour une démarche à la fois économique, pratique et respectueuse de l'environnement.

	Je le fais déjà	Je vais le faire	Je ne peux pas le faire	Je ne veux pas le faire
Coche la case qui te correspond				

CLARA ET LA RÉVOLUTION DE L'IMPRESSION

Clara, une jeune femme, cadre en environnement et technologie, était toujours à la recherche de moyens pour rendre son entreprise plus verte.

Un jour, en passant devant la salle d'impression, elle remarqua que les employés imprimaient une quantité considérable de documents. Des piles de papier étaient jetées, parfois même sans avoir été consultées.

Cela lui donna une idée. Clara décida de lancer un projet visant à réduire l'utilisation excessive de papier dans l'entreprise. Elle commença par organiser une réunion avec le personnel administratif pour discuter de l'impact environnemental de l'impression massive.

Clara présenta des statistiques sur la consommation de papier et son impact sur les forêts, ainsi que des alternatives pour réduire cette consommation. Elle proposa des solutions simples : encourager l'utilisation du format numérique, imprimer en recto-verso et mettre en place des imprimantes avec des paramètres par défaut plus écologiques.

Pour sensibiliser davantage, Clara et son équipe créèrent une campagne d'affichage avec des slogans tels que "Pensez avant d'imprimer" et "Le numérique, c'est écologique". Ils organisèrent également des ateliers pour montrer aux employés comment utiliser les outils numériques pour prendre des notes et partager des documents sans avoir à imprimer.

L'aspect le plus innovant de leur campagne fut la mise en place d'un système de suivi des impressions, permettant aux employés de voir leur propre consommation de papier. Ce système incluait un quota mensuel d'impressions, encourageant les employés à n'imprimer que ce qui était absolument nécessaire.

La réaction fut très positive. Les employés commencèrent à adopter de plus en plus le format numérique pour leurs documents. Le nombre d'impressions diminua considérablement, réduisant les déchets de papier et l'impact environnemental de l'entreprise.

L'initiative de Clara révolutionna l'usage du papier au sein de l'entreprise. Elle parvint à éveiller la conscience de ses collègues sur l'importance de minimiser les déchets papier et d'adopter des méthodes plus écologiques.

Son projet montra qu'avec de la créativité et de l'engagement, il était possible de faire une différence significative pour l'environnement.

UN SAC REUTILISABLE, POUR PROTÉGER NOTRE DEMAIN

Aujourd'hui plus que jamais, le geste simple de prendre son propre sac pour faire les courses prend tout son sens.

L'ère des sacs plastiques à usage unique est révolue, et avec elle, la nécessité d'adopter une attitude plus respectueuse de l'environnement.

	Je le fais déjà	Je vais le faire	Je ne peux pas le faire	Je ne veux pas le faire
Coche la case qui te correspond				

NOÉMIE ET LES SACS DE L'ESPOIR

Noémie, une jeune femme déterminée et soucieuse de l'environnement, habitait dans une petite ville côtière.

Chaque semaine, elle accompagnait sa mère au marché local pour faire les courses. Un jour, en observant les nombreux sacs en plastique utilisés et jetés, Noémie se sentit préoccupée. "Maman, ne pourrions-nous pas utiliser des sacs réutilisables pour nos courses ?" demanda-t-elle.

Sa mère, touchée par la sensibilité de sa fille, acquiesça et ensemble, elles achetèrent plusieurs sacs en tissu. Noémie était ravie de voir que ces sacs pouvaient contenir autant, sinon plus, que les sacs en plastique, et sans le risque de se déchirer.

Inspirée par ce petit changement, Noémie décida de sensibiliser davantage de personnes à l'importance des sacs réutilisables. Avec l'aide de ses amis, elle organisa un atelier de création de sacs. Ils utilisaient des matériaux recyclés, comme de vieux rideaux et des vêtements usagés, pour fabriquer des sacs uniques et personnalisés.

L'atelier fut un succès. Les participants furent non seulement heureux de repartir avec un sac écologique, mais ils furent aussi sensibilisés à l'impact négatif des sacs en plastique sur l'environnement, notamment sur la vie marine.

Elle contacta les commerçants locaux et les encouragea à proposer des sacs réutilisables ou à offrir des réductions aux clients qui apportaient les leurs. Plusieurs commerçants, impressionnés par son initiative, acceptèrent.

La démarche de Noémie commença à faire des vagues dans toute la ville. De plus en plus de gens abandonnaient les sacs en plastique au profit de sacs réutilisables. Les rues et les plages de la ville étaient plus propres.

Grâce à Noémie, la ville adopta une nouvelle habitude qui avait un impact positif significatif sur l'environnement. Les sacs en plastique devinrent une rareté, remplacés par une multitude de sacs colorés et réutilisables, chacun racontant sa propre histoire d'engagement envers la protection de la planète.

ROBINET FERMÉ, PLANÈTE HEUREUSE

Robinet fermé, c'est tout bénéfice pour votre porte-monnaie et pour la planète.

Quelques secondes ici, quelques litres là... Robinet fermé, planète apaisée.

	Je le fais déjà	Je vais le faire	Je ne peux pas le faire	Je ne veux pas le faire
Coche la case qui te correspond				

61

ALEX ET LA GOUTTE D'EAU ÉCONOMISÉE

Dans une petite ville côtière, vivait un garçon nommé Alex, reconnu pour sa curiosité et son amour de la mer.

Un soir, alors qu'Alex se brossait les dents, son grand-père, un ancien marin, entra dans la salle de bain et remarqua quelque chose. "Alex, pourquoi laisses-tu le robinet ouvert pendant que tu te brosses les dents ?" demanda-t-il doucement.

Son grand-père s'assit sur le rebord de la baignoire et commença à raconter une histoire qui allait changer la façon dont Alex voyait l'eau.

"Il fut un temps où l'eau était abondante, mais maintenant, elle est devenue précieuse," commença le grand-père. Il expliqua à Alex comment chaque goutte d'eau économisée comptait, surtout dans un monde où tant de régions souffraient de la sécheresse.

Inspiré par les paroles de son grand-père, Alex décida d'agir. Le lendemain, il commença par fermer le robinet chaque fois qu'il se brossait les dents, économisant ainsi des litres d'eau précieuse.

Mais Alex voulait faire plus. Il parla à ses amis à l'école et ensemble, ils lancèrent un petit projet pour sensibiliser les autres élèves à l'importance de l'économie d'eau.

Ils créèrent des affiches colorées et distribuèrent des autocollants amusants pour rappeler à tout le monde de fermer le robinet en se brossant les dents.

Les enfants apprirent à apprécier chaque goutte d'eau et à prendre conscience de son importance. Ils organisèrent même une journée de sensibilisation à l'économie d'eau, où les élèves partageaient leurs astuces pour économiser l'eau à la maison.

Nombreux foyers adoptèrent de meilleures habitudes en matière de consommation d'eau.

Alex était fier de voir l'impact de son initiative. Il avait appris que même un petit geste, comme fermer le robinet en se brossant les dents, pouvait contribuer à un changement positif et significatif.

LUMIÈRE ÉTEINTE = ÉNERGIE PRÉSERVÉE

Chaque fois que vous quittez une pièce, éteignez la lumière. C'est simple, mais ce geste peut avoir un impact considérable sur votre consommation d'électricité.

	Je le fais déjà	Je vais le faire	Je ne peux pas le faire	Je ne veux pas le faire
Coche la case qui te correspond				

NORA ET LA QUÊTE DE LA LUMIÈRE

Dans une petite ville pittoresque, vivait une étudiante nommée Nora, connue pour sa curiosité et son intelligence.

Un soir, alors qu'elle étudiait dans sa chambre, sa mère l'appela pour dîner. Nora, pressée, sortit en laissant la lumière allumée.

Pendant le dîner, son père, un passionné de l'environnement, raconta comment même les petits gestes, comme éteindre les lumières, pouvaient avoir un grand impact sur la conservation de l'énergie et la protection de notre planète. Cette conversation alluma une étincelle dans l'esprit de Nora.

Le lendemain, Nora commença sa mission éco-responsable. Elle fit un tour de la maison, s'assurant que toutes les lumières inutiles étaient éteintes. Elle réalisa que beaucoup de pièces étaient éclairées sans raison.

Motivée, Nora décida de sensibiliser ses amis et ses voisins à l'importance d'éteindre les lumières. Elle créa de petits autocollants rappelant de "Éteindre avant de partir" et les distribua dans son quartier.

Pour rendre son message encore plus percutant, Nora organisa une "Heure Sans Lumière". Pendant une heure, tout le monde s'engagea à éteindre toutes les lumières non essentielles. Ce fut un moment magique où les étoiles brillaient plus fort dans le ciel nocturne, rappelant à chacun la beauté d'un monde moins pollué par la lumière artificielle.

L'initiative de Nora ne s'arrêta pas là. Elle commença à étudier et à partager des informations sur l'efficacité énergétique, les ampoules à faible consommation et l'impact de la consommation d'énergie sur l'environnement.

La quête de Nora avait illuminé l'esprit des gens, leur montrant comment un geste aussi simple que d'éteindre une lumière pouvait contribuer à un avenir plus durable. Et chaque fois qu'une étoile brillait plus fort dans le ciel nocturne, c'était un rappel de la différence qu'une personne pouvait faire pour notre belle planète.

CONSOMMER MOINS DE VIANDE

Produire de la viande demande davantage de ressources (eau, nourriture, terre) que de cultiver des végétaux.

Opter pour une réduction de la consommation de viande est un geste qui a des conséquences à la fois sur l'environnement et sur le bien-être.

En choisissant de manger moins de viande ou de privilégier de la viande issue d'élevages respectueux du bien-être animal, vous faites le choix d'une alimentation en accord avec vos valeurs et bénéfique pour la planète.

	Je le fais déjà	Je vais le faire	Je ne peux pas le faire	Je ne veux pas le faire
Coche la case qui te correspond				

THÉO ET LE DÉFI "MOINS DE VIANDE"

Dans une ville animée, un jeune garçon nommé Théo vivait avec sa famille. Théo était un gourmand, il adorait les repas familiaux, surtout les barbecues du dimanche.

Cependant, un jour, à l'école, Théo apprit quelque chose d'important : manger moins de viande pouvait avoir un impact positif sur l'environnement.

Curieux, Théo demanda à son professeur de lui expliquer. Son professeur lui parla des gaz à effet de serre produits par l'élevage intensif, de la déforestation pour créer des pâturages, et de la grande quantité d'eau nécessaire pour élever des animaux.

Théo, conscient de l'impact de ses choix alimentaires sur la planète, décida de relever un défi personnel : réduire sa consommation de viande. Il en parla à sa famille lors du dîner, proposant de remplacer certains repas à base de viande par des alternatives végétariennes.

Ses parents, d'abord hésitants, acceptèrent de relever le défi avec lui. Ensemble, ils explorèrent de nouvelles recettes : des lasagnes aux légumes, des burgers de haricots, et des stir-fry riches en tofu. Chaque repas était une aventure, une découverte de saveurs inattendues.

Théo remarqua que, même s'il mangeait moins de viande, il se sentait toujours satisfait et plein d'énergie. Il appréciait particulièrement les soirées où la famille se réunissait pour cuisiner ensemble, chacun apportant ses idées et sa créativité.

Encouragé par les changements positifs dans sa propre famille, Théo décida de partager son expérience avec ses amis. Ils furent agréablement surpris par la variété et le goût des aliments sans viande.

Grâce à l'initiative de Théo, sa famille et ses amis prirent conscience qu'ils pouvaient contribuer à un monde plus durable simplement en modifiant légèrement leurs habitudes alimentaires. Ils découvrirent que manger moins de viande ne signifiait pas sacrifier le goût ou le plaisir, mais ouvrait la porte à un monde de nouvelles saveurs et bénéfices pour la planète.

LIMITER LA CLIMATISATION ET LE CHAUFFAGE

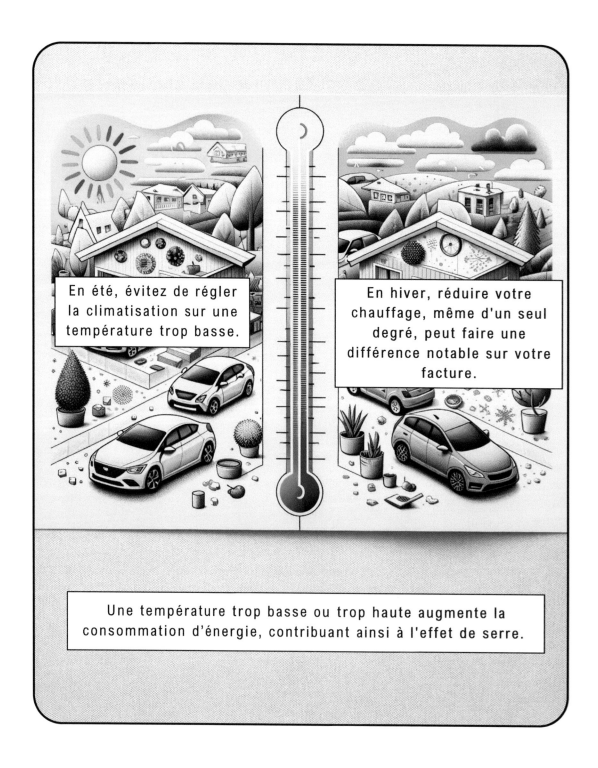

En été, évitez de régler la climatisation sur une température trop basse.

En hiver, réduire votre chauffage, même d'un seul degré, peut faire une différence notable sur votre facture.

Une température trop basse ou trop haute augmente la consommation d'énergie, contribuant ainsi à l'effet de serre.

Chaque ajustement que vous faites compte, non seulement pour votre confort et vos économies, mais aussi pour le bien-être de notre planète.

	Je le fais déjà	Je vais le faire	Je ne peux pas le faire	Je ne veux pas le faire
Coche la case qui te correspond				

Dans une petite ville où les étés étaient chauds et les hivers rigoureux, une fille nommée Ruth remarqua que beaucoup de ses voisins utilisaient excessivement la climatisation en été et le chauffage en hiver.

Elle savait que cette surconsommation d'énergie avait un impact négatif sur l'environnement, augmentant les émissions de gaz à effet de serre et la consommation énergétique.

Déterminée à faire une différence, Ruth lança le "Défi Thermostat". Son idée était simple : encourager les gens à régler leur thermostat quelques degrés plus bas en hiver.

Elle commença chez elle, convainquant sa famille de mettre en pratique ce défi. Ils trouvèrent que mettre un pull supplémentaire en hiver et utiliser des ventilateurs en été était une alternative confortable et viable.

Pour diffuser son idée, Ruth créa des flyers et des affiches expliquant les avantages de limiter l'utilisation de la climatisation et du chauffage. Elle y incluait des statistiques sur les économies d'énergie et les réductions des émissions de CO_2.

Avec l'aide de ses amis, elle distribua ces informations dans le quartier, et parla du "Défi Thermostat" au lycée.

Ruth organisa des ateliers au lycée pour montrer des méthodes d'isolation simples et efficaces, comme l'utilisation de rideaux thermiques ou le calfeutrage des fenêtres. Elle montra comment de petits changements pouvaient maintenir les maisons confortables sans dépendre excessivement de la climatisation ou du chauffage.

L'initiative de Ruth reçut un accueil enthousiaste. De nombreuses familles prirent conscience de l'impact de leur consommation énergétique et commencèrent à adopter ses suggestions. Les enseignants et les lycéens partagèrent leurs propres astuces pour rester confortables tout en économisant de l'énergie.

Grâce à l'engagement de Ruth, le "Défi Thermostat" contribua à réduire significativement la consommation d'énergie de la ville, démontrant que des actions simples pouvaient avoir un impact environnemental majeur.

PENSEZ À DÉBRANCHER VOS APPAREILS INUTILISÉS

Ne vous contentez pas de la mise en veille : éteignez réellement vos appareils électriques pour réduire votre consommation d'électricité.

Un chargeur laissé branché, comme celui d'un smartphone ou d'un ordinateur portable, continue de consommer de l'électricité, même s'il n'est pas relié à un appareil.

Débrancher les appareils en veille et les chargeurs inutilisés est une action efficace pour économiser de l'électricité et contribuer à une démarche éco-responsable.

	Je le fais déjà	Je vais le faire	Je ne peux pas le faire	Je ne veux pas le faire
Coche la case qui te correspond				

MAX ET LA CHASSE AUX ÉNERGIVORES

Max, un adolescent ingénieux et soucieux de l'environnement, habitait dans une petite ville où il semblait que tout le monde était constamment connecté aux télévisions, ordinateurs, consoles de jeux, et bien d'autres appareils encore.

Un jour, en lisant un article sur la consommation d'énergie fantôme des appareils électriques, Max eut une prise de conscience. Même éteints, ces appareils continuaient de consommer de l'énergie simplement en restant branchés.

Déterminé à agir, Max commença par sa propre maison. Il fit le tour de chaque pièce, débranchant les appareils non utilisés : la télévision dans la chambre d'amis, le chargeur de téléphone sans téléphone à charger, la console de jeux rarement utilisée. Ses parents furent impressionnés par son initiative et décidèrent de l'adopter eux aussi.

Max créa un petit groupe d'élèves engagés appelé "Les Chasseurs d'Énergie Fantôme". Ensemble, ils lancèrent une campagne de sensibilisation, expliquant comment et pourquoi débrancher les appareils inutilisés.

Max et son équipe créèrent des affiches et des brochures informatives qu'ils distribuèrent dans les écoles et les lieux publics. Ils organisèrent également des ateliers pratiques où ils montraient comment utiliser des multiprises avec interrupteurs pour faciliter le débranchement des appareils.

Les gens commencèrent à prendre conscience de la quantité d'énergie gaspillée inutilement. Les écoles, les bibliothèques, et même certains commerces locaux adoptèrent les pratiques recommandées par "Les Chasseurs d'Énergie Fantôme".

Grâce à l'engagement de Max et de son équipe, la ville économisa une quantité substantielle d'énergie, réduisant ainsi son empreinte carbone. Max avait réussi à transformer une simple habitude en un mouvement de conservation énergétique, prouvant que de petits gestes pouvaient conduire à de grands changements pour l'environnement.

EFFECTUEZ VOTRE MÉNAGE NUMÉRIQUE

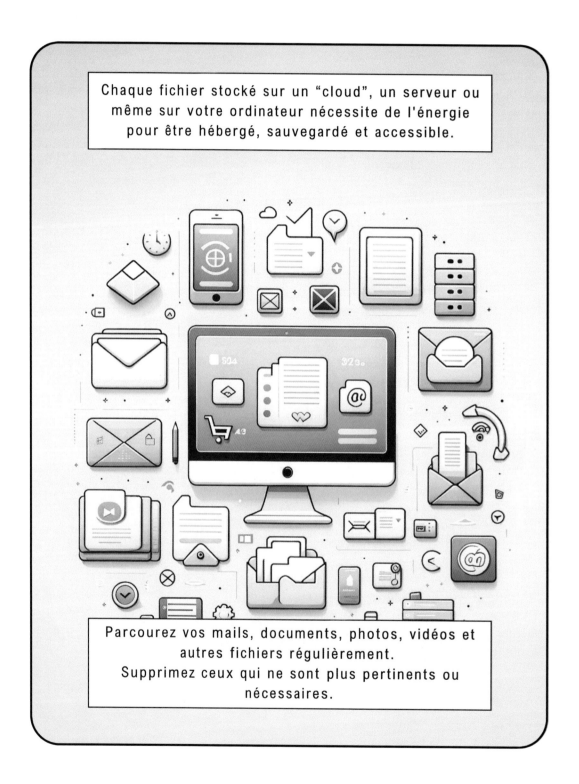

Chaque fichier stocké sur un "cloud", un serveur ou même sur votre ordinateur nécessite de l'énergie pour être hébergé, sauvegardé et accessible.

Parcourez vos mails, documents, photos, vidéos et autres fichiers régulièrement.
Supprimez ceux qui ne sont plus pertinents ou nécessaires.

En plus de réduire votre empreinte carbone, un nettoyage numérique régulier permet d'optimiser les performances de vos appareils et de retrouver plus facilement vos documents importants.

	Je le fais déjà	Je vais le faire	Je ne peux pas le faire	Je ne veux pas le faire
Coche la case qui te correspond				

YVETTE ET LE GRAND NETTOYAGE NUMÉRIQUE

Yvette, une étudiante en informatique passionnée par l'écologie, avait pris conscience de l'impact environnemental du stockage numérique.

Elle savait que les serveurs consommaient une énorme quantité d'énergie pour stocker des données, y compris des tonnes de mails et de fichiers inutiles.

Un jour, en regardant sa propre boîte mail débordante de vieux messages et son ordinateur plein de fichiers obsolètes, elle décida d'agir. Yvette commença par elle-même, supprimant des centaines de mails inutiles et nettoyant son espace de stockage numérique. Elle sentit une certaine satisfaction à voir son espace numérique devenir plus propre et organisé.

Voulant partager son expérience, Yvette décida de sensibiliser ses amis et sa famille à l'importance d'un nettoyage numérique régulier. Elle expliqua comment des gestes simples comme supprimer les mails inutiles et désencombrer les espaces de stockage numériques pouvaient réduire la consommation énergétique globale.

Pour rendre son message plus impactant, Yvette créa une présentation ludique et informative qu'elle partagea lors d'une réunion du club informatique de son université. Elle y expliqua comment le stockage numérique fonctionnait et pourquoi il était important de le maintenir propre et efficace.

Yvette lança ensuite le "Défi du Nettoyage Numérique" sur le campus. Elle encouragea les étudiants et le personnel à passer une heure à trier leurs mails et fichiers, supprimant tout ce qui n'était plus nécessaire. Elle organisa des sessions de groupe où les participants pouvaient venir avec leurs ordinateurs portables et travailler ensemble sur leur nettoyage numérique.

La réponse fut incroyable. Des étudiants et des membres du personnel de l'université participèrent au défi, partageant leurs succès et la quantité de données qu'ils avaient réussi à supprimer. Beaucoup furent surpris de voir combien d'espace ils avaient libéré et combien leur système fonctionnait plus rapidement après le nettoyage.

Grâce aux efforts d'Yvette, le concept de nettoyage numérique gagna en popularité. Les gens commencèrent à comprendre l'importance de maintenir un espace numérique propre non seulement pour leur propre efficacité, mais aussi pour réduire l'impact environnemental du stockage de données.

L'histoire d'Yvette avait montré que même dans le monde numérique, de petits gestes pouvaient avoir un grand impact sur l'environnement. Son "Défi du Nettoyage Numérique" était devenu un mouvement, encourageant chacun à être plus conscient et responsable de son empreinte numérique.

RÉPARER PLUTÔT QUE REMPLACER

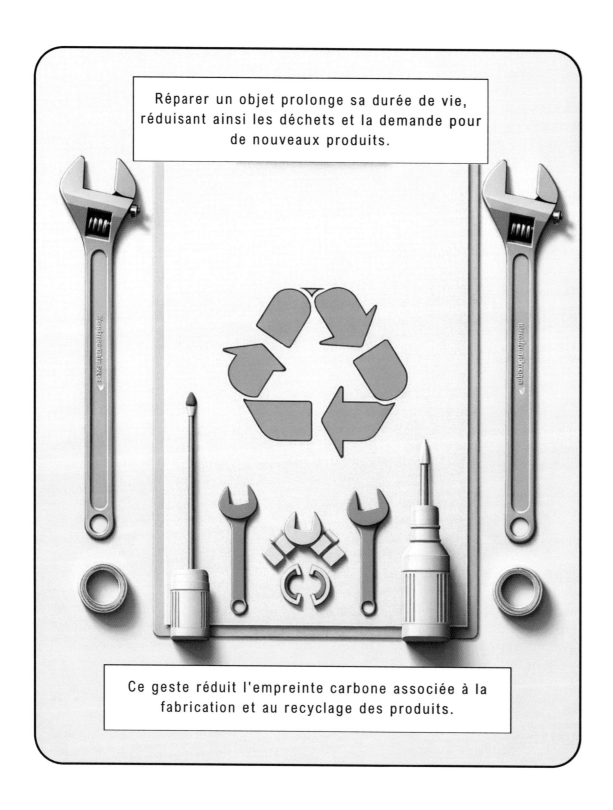

Réparer un objet prolonge sa durée de vie, réduisant ainsi les déchets et la demande pour de nouveaux produits.

Ce geste réduit l'empreinte carbone associée à la fabrication et au recyclage des produits.

Opter pour la réparation plutôt que le remplacement est une démarche éco-responsable qui favorise la durabilité et les économies.

	Je le fais déjà	Je vais le faire	Je ne peux pas le faire	Je ne veux pas le faire
Coche la case qui te correspond				

ÉLISE ET LE MOUVEMENT DE LA RÉPARATION

Élise, une jeune femme inventive et soucieuse de l'environnement, remarqua que beaucoup de ses amis et voisins jetaient des objets légèrement endommagés pour les remplacer par des neufs.

Elle savait que cette habitude de "jeter et remplacer" avait un impact négatif sur l'environnement, augmentant les déchets et la consommation de ressources.

Décidée à changer cette mentalité, Élise commença par réparer ses propres objets : un grille-pain qui ne fonctionnait plus, un vélo avec une roue défectueuse, et même de vieux vêtements. Elle apprit des techniques de base en électronique, en mécanique et en couture, et partagea ses réussites sur les réseaux sociaux.

Impressionnés par ses compétences, les amis et la famille d'Élise lui demandèrent de les aider à réparer leurs propres objets. Cela donna à Élise l'idée de créer un "Café de Réparation" local, un événement mensuel où les gens pouvaient apporter leurs objets endommagés et apprendre à les réparer.

Le premier "Café de Réparation" fut un succès. Des bénévoles compétents en différentes réparations se joignirent à Élise, offrant leurs services et enseignant aux autres leurs compétences.

Les participants repartaient non seulement avec des objets réparés, mais aussi avec un sentiment d'accomplissement et de nouvelles compétences pratiques.

Le mouvement de la réparation initié par Élise se répandit rapidement. Les gens commencèrent à voir la valeur dans la réparation et la conservation des objets, réduisant ainsi les déchets et favorisant une consommation plus responsable.

PRIVILÉGIER LES PRODUITS LOCAUX

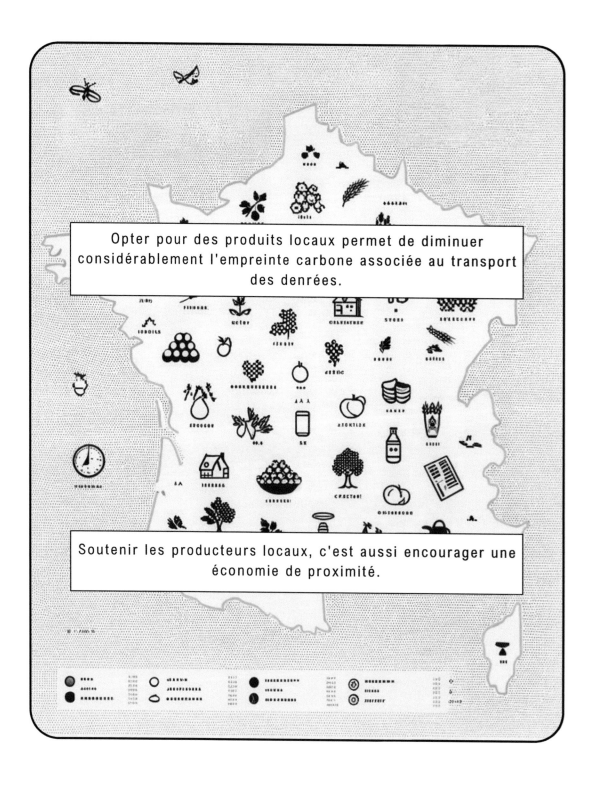

Opter pour des produits locaux permet de diminuer considérablement l'empreinte carbone associée au transport des denrées.

Soutenir les producteurs locaux, c'est aussi encourager une économie de proximité.

Préférer le local, c'est favoriser une consommation plus durable et écologique.

	Je le fais déjà	Je vais le faire	Je ne peux pas le faire	Je ne veux pas le faire
Coche la case qui te correspond				

SOLÈNE ET LE VIRAGE LOCAL

Solène, une lycéenne engagée dans la protection de l'environnement, fut frappée par la quantité de produits importés dans les rayons des supermarchés de sa petite ville.

Elle savait que le transport de ces produits à travers de longues distances avait un lourd impact sur l'environnement, notamment en termes d'émissions de CO_2. Convaincue que privilégier les produits locaux était une solution plus écologique, elle décida d'agir.

Elle commença par sensibiliser sa famille. Ensemble, ils visitèrent le marché local, découvrant une richesse de produits frais et de qualité, cultivés à quelques kilomètres de chez eux. Solène s'enthousiasma pour les histoires des agriculteurs locaux et leurs méthodes de culture durable.

Inspirée par ces découvertes, Solène collabora avec les enseignants pour organiser des sorties éducatives au marché local et dans des fermes avoisinantes.

Elle organisa également des ateliers sur les bénéfices écologiques et économiques de consommer local.

L'engouement fut tel que le lycée décida de modifier son approvisionnement pour la cantine, privilégiant les produits locaux et de saison.

Solène créa un blog pour partager ses recettes utilisant des produits locaux, encourager les bonnes pratiques et partager des astuces pour une consommation responsable.

L'initiative de Solène gagna en popularité au-delà du lycée, incitant les habitants de la ville à réfléchir à leurs habitudes de consommation.

La démarche de Solène avait initié un véritable changement dans sa ville. En privilégiant les produits locaux, les habitants contribuaient à la réduction des émissions de gaz à effet de serre, au soutien de l'économie locale, et à la promotion d'une alimentation saine et durable.

LE COMPOST,
UN TRÉSOR NATUREL POUR LE JARDIN

Simple et bénéfique, le compostage permet de transformer vos déchets organiques en un amendement riche pour le sol.

Vous réduisez ainsi le volume de vos poubelles et diminuez la nécessité de collecte et de traitement des ordures ménagères.

Intégrez un composteur dans votre jardin ou participez aux initiatives de compostage de votre résidence ou collectivité pour une valorisation optimale des déchets organiques.

	Je le fais déjà	Je vais le faire	Je ne peux pas le faire	Je ne veux pas le faire
Coche la case qui te correspond				

MARC ET LA RÉVOLUTION DU COMPOST

Marc, un enseignant passionné par l'environnement, était consterné par la quantité de déchets organiques jetés inutilement.

Conscient que ces déchets pouvaient être transformés en compost, un amendement naturel riche pour le sol, il décida d'initier un mouvement de compostage dans son quartier.

Il commença par installer un composteur dans son propre jardin, y ajoutant des restes de nourriture, des épluchures de légumes, et des feuilles mortes. Il observa avec satisfaction la transformation de ces déchets en un terreau fertile, idéal pour le jardinage.

Pour partager ses connaissances, Marc organisa des ateliers de compostage dans son école. Il enseigna les bases du compostage, les types de déchets à composter, et comment maintenir un équilibre sain pour une décomposition efficace.

L'enthousiasme de Marc était contagieux. Plusieurs écoles et maisons du quartier avaient leur propre composteur. Marc aida à créer un programme de "jardins communautaires" où le compost produit était utilisé pour cultiver des légumes et des plantes.

L'impact de son initiative ne tarda pas à se faire sentir. Les déchets organiques du quartier diminuèrent considérablement, réduisant la pression sur les décharges locales. Les jardins communautaires, enrichis par le compost, devinrent des espaces verts florissants, favorisant la biodiversité.

Marc ne s'arrêta pas là. Il lança une campagne en ligne pour partager les succès de son quartier. Il partagea des tutoriels, des témoignages et des conseils pratiques pour inspirer et guider ceux qui souhaitaient démarrer.

Grâce aux efforts de Marc, le compostage devint une pratique courante dans de nombreuses autres communes, transformant des tonnes de déchets en un trésor naturel. Il avait prouvé qu'avec de la détermination et de l'éducation, il était possible de faire un changement significatif vers un avenir plus durable.

QUELQUES SITES DE RÉFÉRENCE

Ministère de la Transition écologique	www.ecologie.gouv.fr
ADEME (Agence De l'Environnement et de la Maîtrise de l'Énergie)	www.ademe.fr
Ministère de l'Agriculture	https://agriculture.gouv.fr
INRAE (Institut national de recherche pour l'agriculture, l'alimentation et l'environnement)	https://www.inrae.fr